Jörg Zink

Am Ufer der Stille

HERDER

FREIBURG · BASEL · WIEN

Eines Tages
– es war in Galiläa
an jenem blauen See –
kamen die Freunde zurück
zu Jesus, ihrem Meister.
Sie waren erfüllt von dem Wunsch
zu erzählen, was alles ihnen gelungen war,
und fanden ihn umdrängt von Menschen,
die ihn brauchten,
dringend wie das tägliche Brot,
und die alles von ihm erhofften.

Da, inmitten der Überfülle der Arbeit,
sagte Jesus zu ihnen:
„Lasst uns weggehen
an einen einsamen Ort
und ein wenig ruhen."

Sie stiegen in ein Boot
und fuhren hinüber ans andere Ufer,
in die Einsamkeit.
Sie allein.

Es ist viel zu tun.
Ich weiß.

Aber da höre ich das leise Wort:
„Komm!
Fahr hinüber in die Stille."

Versuch es: anlegen am Ufer
der unhörbaren Gegenwart
des Meisters.

Dort zwischen den Steinen stehen,
verletzlich.
Einwurzeln und vielleicht erwachen
wie eine Blüte.

Ich weiß, viel ist zu tun.
Aber nichts tun
und alles geschehen lassen
ist nötiger.
Ist mehr.

Schweigen möchte ich,
Gott, und auf dich warten.

Schweigen möchte ich,
damit ich verstehe,
was in deiner Welt geschieht.

Schweigen möchte ich,
damit ich mir selbst nahe bin
und allen deinen Geschöpfen.

Ich möchte schweigen,
damit ich unter den vielen Stimmen
die deine erkenne.

Ich möchte schweigen
und darüber staunen,
dass du ein Wort für mich hast.

Gott, ich bin nicht wert,
dass du zu mir kommst,
aber sprich nur ein Wort,
so wird meine Seele gesund.

Ewiger, heiliger,
geheimnisreicher Gott.

Ich komme zu dir.
Ich möchte dich hören, dir antworten.

Vertrauen möchte ich dir und dich lieben,
dich und alle deine Geschöpfe.

Dir in die Hände lege ich
Sorge, Zweifel und Angst.

Ich bringe keinen Glauben
und habe keinen Frieden.
Nimm mich auf.

Sei bei mir,
damit ich bei dir bin Tag um Tag.

Führe mich,
damit ich dich finde und deine Barmherzigkeit.

Dir will ich gehören,
dir will ich danken,
dich will ich rühmen
– dich, mein Gott.

Ich stehe am Ufer
und die Stille ist voll
deiner Gegenwart.

Ich warte auf ein Wort
aus einer anderen Welt,
von dir.

Ich weiß,
dass du mich siehst,
und öffne dir mein Herz.

Ich war allein
mitten unter den Menschen.
Nun bin ich in dir.

Ich war gefangen
in mir selbst.
Nun bin ich frei.

Ich atme den Wind
und die Weite.
Ich atme dich.

Das Vielerlei lasse ich hinter mir.
Auch meine Träume.
Auch meine unruhigen Pläne.

Ich wende mich dir zu.
Ich warte auf dich.
Ich will dir gegenüber sein,
dich finden.

Ich verlasse den Kreislauf
meiner kurzatmigen Hoffnungen
und meiner ungewissen
Selbstsicherheit.

Du bist.
Und ich bin in dir.
Nichts erwarte ich
als allein dich.

Du bist der Schöpfer
alles Lebendigen.

Die Erde fasst dich nicht
und nicht der Weltraum.

Ich gebe dir den Weg frei
zu meinem Herzen.

So verbinden sich Himmel und Erde,
dort, wo ich bin.

Und du schaffst in mir
die Blüte und die Frucht.

Du, der Schöpfer
alles Lebendigen.

O Gott meiner Väter und Herr aller Güte,
der du alle Dinge gemacht hast
einzig dadurch,
dass du ihren Namen aussprachst:
Du hast auch den Menschen gebildet
in deiner Weisheit,
dass er herrsche über deine Geschöpfe
und die Welt verwalte
in Heiligkeit und Gerechtigkeit
und sie mit wissendem Herzen
in Ordnung halte.

Gib mir die Weisheit,
die nirgends zu finden ist als bei dir allein.
Denn ich bin dein Knecht
und der Sohn deiner Magd,
ein schwacher Mensch,
dessen Leben rasch vorübergeht,
und weiß nicht genug über den rechten Weg
und die richtige Ordnung meines Lebens.

Und wäre auch jemand
unter den Menschenkindern vollkommen,
so wäre er doch für nichts zu achten,
wenn ihm die Weisheit fehlte,
die aus dir entspringt.

Denn welcher Mensch weiß, was Gott plant?
Wer kann in seinen Gedanken fassen, was Gott will?

Die Gedanken sterblicher Menschen sind ungewiss
und unsere Pläne sind gefährlich.
Der schwache Leib ermüdet die Seele
und die irdische Hütte beschwert den zerstreuten Sinn.

Wir verstehen kaum, was auf Erden ist,
und erkennen nur schwer,
was in unseren Händen ist.
Wer will das Himmlische erforschen?

Wie soll einer deine Weisung erfahren,
wenn du nicht Weisheit gibst
und deinen heiligen Geist
aus der Höhe sendest?

So werden die Pfade der Erdbewohner richtig
und die Menschen lernen, was dir gefällt,
und werden durch Weisheit gerettet.

Aus Weisheit 9

Lebe du in mir, heiliger Gott.
Ich möchte nichts als hier sein
und in dir leben.
Ich möchte mich lassen,
mich freigeben.
Ich möchte mich öffnen
und mich offen in der Hand halten,
dir entgegen.

Wirke du in mir so,
dass du mein Leben bist.
Sei du um mich so,
dass du meine Welt bist.
Durchdringe mich so,
dass ich selbst unwichtig werde
und du allein bleibst.

Ich möchte dir nahe sein,
wie ein einsamer Baum
in der Höhe
in deiner Hand ist.

Wie du um mich bist,
so möchte ich in dir sein.
Hilf mir. Ich kann es nicht allein.

Ich weiß, dass du mich hörst,
und weiß doch nichts zu sagen.

Ich weiß, dass du mich führst,
und sehe doch keinen Weg.

Ich weiß, dass mein Geschick von dir ist,
und kann es doch nicht annehmen.

Ich weiß, dass du meine Seele hebst und trägst,
und versinke doch in meinen schweren Gedanken.

Ich weiß, dass du mir Freiheit zugedacht hast,
und lebe doch im Kerker.

Ich weiß, dass dein Zeitplan anders ist als der meine,
und habe doch keine Geduld.

Ich weiß, dass du mich hältst, auch wenn ich falle.
Nein, ich weiß es nicht. Ich glaube es.
Ich möchte es glauben.
Trotz allem. Hilf mir.

Mein Herz, o Gott,
will nicht Ansehen, nicht Macht.
Ich schaue nicht nach Ruhm aus
und nicht nach Reichtum.

Ich gehe nicht mit großen Plänen um
und nicht mit Träumen über große Dinge.
Sie sind zu wunderbar für meinen Geist.
Ich taste dein Geheimnis nicht an.

Mein Herz ist still
und Frieden ist in meiner Seele.
Wie ein gestilltes Kind bin ich,
das bei seiner Mutter schläft.
Wie ein gesättigtes Kind,
so ist meine Seele still in mir.

Aus Psalm 131

Upflamör
Geisingen
Zwiefalten

Ich möchte,
dass alles in mir schweigt,
außer dem Wort,
das von Gott ist.

Ich möchte,
dass alles stillsteht,
was er nicht selbst bewegt.

Ich möchte,
dass er die Stelle einnimmt,
die ich jetzt einnehme.

Ich möchte,
dass er wirkt,
in mir und durch mich,
was nach seinem Willen ist.

Ich möchte den Weg gehen,
den er mir weist.

Ich möchte nicht der sein,
den ich bisher kenne,
sondern mich wandeln lassen
durch ihn selbst
in sein Bild.

Bei dir, mein Gott, bleibe ich
mit all meiner Kraft.
Ich lasse dich nicht los.
Ich halte dich fest
und ertrage die Spannung zwischen dir und mir
bis zum Ende, bis ich dich schaue.

Gott der unendlichen Geduld,
ich warte, bis deine Stunde kommt.
Menschen zu ändern nehme ich mir nicht vor.
Die Welt zu verbessern ist nicht mein Amt.
Ein Heiliger zu werden ist nicht mein Ziel.
Ich warte, bis deine Stunde kommt.

Alle Sorge um mich
überlasse ich dir,
denn du sorgst für mich bis zum Ende.
Dann wirst du mir mein Leben zurückgeben,
klar und erfüllt,
und ich werde den Segen sehen,
den ich getragen habe.

Gott, du hast mich geschaffen zu dir,
und mein Herz ist unruhig,
bis es Ruhe findet in dir.

Dein ist das Licht des Tages.
Dein ist das Dunkel der Nacht.
Das Leben ist dein und der Tod.
Ich selbst bin dein und bete dich an.

Sei du in mir
der Morgen ohne Abend,
das Licht ohne Nacht.

Die Zeit und die Unruhe
berühren dich nicht,
aber du gibst die Zeit.

Du hast mich zu dir geschaffen,
so gib mir Ruhe in der Eile des Tages
und den Frieden am Ende der Zeit.

Nach dem Abendgebet des Augustinus

Es gibt Übungen
auf dem Weg zur Stille.

Den Regen am Fenster hören
und nichts hören wollen
als das Schlagen der Tropfen.

Tag um Tag schauen,
wie eine Zimmerpflanze wächst
oder eine Blume sich öffnet.

Nichts sehen als das Licht
in der Farbe eines Blattes.

Einen Spinnwebfaden,
vibrierend im Licht,
ansehen, lange Zeit.

Nichts erwarten,
nur mit allen Sinnen
dort sein, wo das geschieht.

Wo dein Leben, Gott,
lebt mitten in den Dingen.

„Wer glaubt“, sagt Jesus
im Evangelium nach Johannes,
„der hat ewiges Leben.“

Ewigkeit zu suchen,
gehe ich meinen Weg
in die Stille.

Ich suche nicht mich selbst.
Ich suche den,
der größer ist.

Glauben heißt
von sich selbst wegschauen
und hinschauen auf Gott.

Ich glaube
und empfange dein Geschenk:
ewiges Leben.

Wer glaubt,
hat ewiges Leben.

Ewigkeit zu suchen,
setze ich meine Kraft ein.

Auf der Höhe felsiger Berge,
so erzählt die Bibel,
ist Gott dem Menschen nahe,
der ihn sucht.

Glauben
ist wie ein Stehen
auf uraltem Fels
und ein Blick in große Ferne.

Ich glaube
und empfange deine Gnade:
ewiges Leben.

In die Sille gehen
heißt nicht immer
sich entfernen von den Menschen.

Es heißt auch
ihr Herz suchen,
ohne Worte zu brauchen.

Ihnen nahe sein
als Gefährten
in Gott.

Denn in Gott sein
heißt lieben.
Die Liebe Gottes aber
ist wie das Licht,
das uns gemeinsam tröstet.

Gott ist die Liebe
und wer in der Liebe bleibt,
der bleibt in Gott und Gott in ihm.

Kein Gedanke wird ihn fassen,
keine Ekstase ihn erreichen,
kein Tiefsinn ihn ergründen,
keine Ausdauer ihn erkämpfen.

Wer sich liebend beugt,
wird ihm begegnen.

Denn Gott ist Liebe
zu den geringen Dingen,
zu den geringen Menschen.
Er ist Liebe zu mir.

Aber Gott ist mir nicht nur nah,
sondern sehr fern zugleich.

Er ist einem Meer ähnlich,
das mich mit unendlicher Stille umschließt
oder mich hin und her wirft
wie eine Nussschale.

Er ist einem Ufer ähnlich,
an dem hartes Gestein aufragt.

Wie soll ich mir wünschen,
ihm zu begegnen?
Dass ich ihn suche,
ist das Wunder eines Glaubens,
den er selbst in mir schaffen muss.

Eine alte Klosterhandschrift erzählt diese Fabel:

In einem Fluss sprachen die Fische zueinander:
„Manche sagen, unser Leben hänge vom Wasser ab.
Aber was ist Wasser?
Wir haben niemals Wasser gesehen."

Da sagte einer,
der klüger war als die anderen:
„Ich habe gehört, weit draußen im Meer
lebe ein sehr gelehrter Fisch, der alles weiß.
Lasst uns zu ihm gehen und ihn bitten,
uns das Wasser zu zeigen."

Da machten sich einige auf, suchten das Meer
und fanden endlich den Fisch.
Und sie erklärten ihm,
dass sie das Wasser sehen wollten.

Der alte Fisch hörte sie an. Dann sprach er:
„Wie soll ich euch das Wasser zeigen?
Ihr bewegt euch darin. Ihr lebt darin.
Aus dem Wasser kommt ihr,
im Wasser endet euer Leben.
Ihr lebt im Wasser und wisst es nicht.
Alles, was euch umgibt, ist Wasser!“

Auf der Suche nach Gott
hören wir die gleiche Antwort:
Alles ist Gott.
Alles Leid ist Gott und alles Glück.
Alles Schicksal ist Gott
und auch alle Mühe, es zu bestehen,
ist Gott.

Nichts ist, das nicht in Gott wäre.
Was auch könnte bestehen außer in Gott?

Am Ufer der Stille zu stehen,
am Ufer, das Gott ist,
gibt eine große Freiheit.

Als du, Jesus,
deinen Jüngern begegnetest,
lebendig aus dem Tode,
da standest du am Ufer des Sees
im spiegelnden Licht
zwischen Zeit und Ewigkeit.

Du warst gefangen und bist frei
und ich bin es mit dir.
Ich bin nicht mehr mein Sklave
und nicht mehr mein Kerkermeister.
Durch dich bin ich frei.

Ich bin auferstanden
aus meiner Gefangenschaft
und lebe durch dich.

Ruhet ein wenig“,
hatte Jesus gesagt
zu seinen beschäftigten Jüngern.

Dann holte ihn die Menge zurück
auf die Straßen und die Märkte.
Und er nahm sich ihrer an:
nicht so,
als komme er in ein fremdes Land,
nicht so,
als fühle er sich missbraucht.

Auch an all diesen Orten,
auf all diesen Wegen
wusste er sich zu Hause
in der großen Welt
seines Vaters.

Wenn wir aber ablegen
vom Ufer dieser Erde,
irgendwann,
dann werden wir Gott schauen.
Und indem wir ihn schauen,
werden wir verwandelt.

Wir tragen einen neuen Namen,
den er uns zuspricht,
und wir werden neu sein,
geschaffen nach seinem Bild.

Das ist das Äußerste,
das wir über uns wissen
– über uns Menschen
und zugleich über Gott.

Von Jörg Zink sind im Verlag Herder
in gleicher Ausstattung erschienen:

Dein Geburtstag sei ein Fest
ISBN 978-3-451-31263-2

Die leisen Kräfte sind es,
die dich tragen
ISBN 978-3-451-31334-9

Ein Segen für dich
ISBN 978-3-451-37732-7

Ich werde gerne alt
ISBN 978-3-451-31264-9

Ich wünsche dir Genesung
ISBN 978-3-451-31265-6

Lass dein Herz atmen
ISBN 978-3-451-34295-0

Liebe ist ein Wort aus Licht
ISBN 978-3-451-31118-5

Mehr als drei Wünsche
ISBN 978-3-451-31969-3

Trauer hat heilende Kraft
ISBN 978-3-451-31262-5

Was kommt nach dem Leben?
ISBN 978-3-451-34294-3

Wo das Glück entspringt
ISBN 978-3-451-31120-8

Neu bearbeitete Ausgabe des 1982 erstmals erschienenen Titels

www.herder.de

Gesamtgestaltung und Satz: Atelier Georg Lehmacher, Augsburg
Fotografie Einband: © Georg Lehmacher
Fotografien innen: Renate & Georg Lehmacher; S. 21, 32: Jörg Zink
Herstellung: graspo CZ, Zlín

Gedruckt auf umweltfreundlichem, chlorfrei gebleichtem Papier

Printed in the Czech Republic

ISBN 978-3-451-37731-0